AF317805

LE SENTIMENT

D'UN INCONNU

SUR

l'Oracle des nouveaux Philosophes,
pour servir d'éclaircissement &
d'Errata à cet Ouvrage.

Dédié à M. de VOLTAIRE.

A VILLEFRANCHE,

Chez PHILALETE; à la bonne Foi.

___

M. DCC. LX.

EPITRE DEDICATOIRE

A

M. DE VOLTAIRE.

MONSIEUR,

Vous ferez, fans doute, furpris de recevoir une Lettre d'un homme dont jamais vous n'avez entendu parler. En voyant qu'il s'avife de vous dédier un Livre, & un tel Livre, ne direz-vous pas : Eh ! de quoi fe mêle-t-il ? qui l'a chargé de prendre ma défenfe ?

Doucement, Monfieur, s'il vous plaît. Sçachez d'abord que, fi ces Lettres deviennent publiques, c'eft à l'indifcrétion de mon Ami, que vous devez vous en prendre. Quand j'ai vû qu'il n'y avait plus de remède, j'ai voulu au moins leur donner un Protecteur.

Au refte, lifez-les, Monfieur, fi vous

en avez le goût, & vous vous apperce-
vrez bientôt qu'elles ne font, ni pour,
ni contre vous. Mon deffein n'était pas
de faire votre apologie. J'ai feulement
voulu avertir M. l'Abbé qu'il fe trom-
pait en croyant avoir fini le cours de
fes Etudes ; & qu'il avait, au contraire,
befoin de refter encore long-temps au
Collége, avant que d'entreprendre la
défenfe de la Religion, & d'être à portée de vous tourner en ridicule.

Peut-être jugerez-vous que j'aurais
dû faire connaître ma façon de penfer
fur votre perfonne & fur vos Ouvrages.
Je me flatte que vous approuverez mon
filence, quand vous en fçaurez les rai-
fons.

Je les déduis en deux mots par ce
dilemme : Si je dis que M. de Voltaire
eft un Incrédule, & que tous fes Ouvrages en portent l'empreinte, je me vois
auffitôt affailli de quand, de qu'eft-ce, de
pourquoi, de fi, de mais, de vifions, de
pauvre Diable, &c. &c. Du fond de
la Ruffie même, il viendra un Député
exprès pour m'infulter.

Si je foûtiens, au contraire, que tout
ce qui fort de la plume de M. de Voltaire eft parfait, & marqué au coin du

génie ; qu'il eſt, pour la Proſe & pour les Vers, le premier homme de ſon ſiécle, je me trouverai ſur le champ dans l'horrible ſociété des Impies, des Athées, des Philoſophes, des.... que n'ai-je un terme plus énergique !

Or, je vous le déclare, Monſieur, ces deux extrémités me font peur. Je ne fais pas le brave, je ſuis un peu poltron de mon naturel. Jamais je n'aurais la force de ſouffrir comme Maître A * * qu'on abboyât après moi de tous côtés. Encore moins voudrais-je être traité comme L * * M * * *.

C'eſt pourquoi j'ai pris le parti de ne dire de vous, Monſieur, ni bien, ni mal. Vous excuſerez, je l'eſpère, ma faibleſſe ; mais je crains bien que M. l'Abbé ne me le paſſe pas ſi facilement. Il ſoûtiendra, je le gage, que de trouver ſon Livre mal fait, c'eſt une impiété. N'eſt-ce pas aſſez riſquer, pour un Inconnu, qui probablement ne m'en aura point d'obligation ? J'ai l'honneur d'être avec... je n'oſe en dire davantage.

SOMMAIRE DES MATIERES.

PREMIERE

PREMIERE LETTRE

*Sur le plan du Livre, & le deſſein
de l'Auteur.*

MONSIEUR,

> *Il y avait une fois* un homme qui
> brulait d'envie de voir M. de Vol-
> taire, il n'avait jamais pû y parvenir.
> Un jour ſeulement il eut occaſion
> d'entrevoir ce grand Homme dans
> une maiſon, où il ne fit que paraître
> & ſortir à l'inſtant. Le pauvre homme
> en penſa mourir de douleur.

Oracle.

P. 2.

La mort eſt, ſans doute, une extrê-

A

mité fâcheuse ; & rien n'est plus légitime que de tâcher de l'éviter. C'est aussi ce que pensa notre Curieux. Comme il n'avait rien à faire de plus pressé, il entreprend un voyage, & s'en va droit à Lausane. *Non loin* de cette ville se voit, (à ce que raconte notre Voyageur,) une *belle maison de campagne, située sur le bord d'un Lac*, qui appartient à M. de Voltaire, * & dans laquelle il fait sa résidence ordinaire.

Un Ami commun, à l'arrivée de notre homme, se dépêche, avant qu'il n'expire, de l'introduire chez M. de Voltaire. Celui-ci flatté, sans doute, de *l'envie* qui *brulait* son nouvel Hôte, le reçoit très-poliment, fait connaissance avec lui, le prie souvent à diner, lie

---

* Je suis obligé en conscience, d'avertir ici que M. de Voltaire nie qu'il ait *une belle maison située sur le bord d'un Lac, non loin de Lausane*. Voyez la foi que l'on doit avoir aux relations des Voyageurs.

commerce d'amitié, au point qu'il en vient aux *aveux & aux confidences* ; enfin, il lui découvre tout le fond de fon cœur. Le Curieux, qui ne demandait pas autre chofe, revient promptement à Paris, révéle à la face de l'Univers ce qu'on lui a confié dans le fecret le plus inviolable, & compofe un Libelle diffamatoire contre fon Ami.

Voilà, Monfieur, le plan, la trame de la première Partie des *Converfations* intitulées *l'ORACLE des nouveaux Philofophes.*

O, direz-vous, la belle idée que l'Auteur nous donne de lui-même ! ô l'honnête homme ! ô le grand ferviteur de Dieu ! Comment ! fe déterminer, pour le bien de la Religion, à un acte de la plus noire perfidie ? N'eft-ce pas un excès de zèle inconcevable ? Où trouvera-t-il des imitateurs !

Auffi, Monfieur, eft-ce un Eccléfiaf-

tique ; c'eſt ce même Abbé qui conver-
ſera , dans la *ſuite* , avec une jeune
Dame , qui confond les Manichéens,
en répétant ſon Catéchiſme, comme nous
le verrons en tems & lieu (*a*). Nous
verrons auſſi qu'elle ſçait autre choſe
que ſon Catéchiſme (*b*).

Ce début vous étonne , Monſieur ?
Que ſera-ce donc , ſi je vous dis qu'il
eſt faux que cet Abbé ſe ſoit jamais
trouvé avec M. de Voltaire ; & que les
confidences , les horribles *aveux* , que
l'on trouve dans *l'Oracle des nouveaux
Philoſophes* , ne font que des inventions
de ce pieux Eccléſiaſtique.

Mais , me direz-vous, ne voyez-vous
pas tout-d'un-coup , comme moi , que
ce voyage , ces converſations, ces *aveux* ,

(*a*) Voyez le commencement de la qua-
trième Lettre.
(*b*) Voyez la fin de la ſeconde Lettre.

ne font qu'une machine , une manière adroite & fine de rendre plus agréable une Differtation fur les Œuvres de M. de Voltaire ? Pourquoi blâmer ce plan? le genre du Dialogue vous eft-il inconnu ? N'avez-vous jamais oui parler de ceux de Platon , de Ciceron , &c. & fur-tout des *célébres Provinciales ?*

Je fçais fort bien , Monfieur , que tout ceci n'eft qu'une fiction , & c'eft ce qui m'indigne. Quoi donc ? Une Differtation fur les Œuvres de M. de Voltaire doit-elle être fondée fur l'impofture & la calomnie , fur des *confidences* feintes , fur des *aveux* fuppofés ? Eft-il permis, felon vous , d'inventer tout ce que l'on voudra fur le compte des autres, pour les perdre , en prenant la précaution de feindre qu'ils conviennent eux-mêmes des imputations qu'on leur fait ?

Pafcal a fait parler un Jefuite, cela eft vrai : mais ce Jefuite eft-il le Pere tel ou tel, qui avoue qu'il est un coquin & un misérable ? Les *Provinciales* auraient excité l'indignation de nos peres, & ne seraient jamais venues jusqu'à nous, si *Montalte* introduisant quelque Jesuite célèbre & vivant, lui eût fait dire qu'il se joue de ce qu'il y a de plus sacré ; qu'il méprise toutes les Loix & toutes les Puissances ; qu'il commet avec sécurité tous les crimes ; & que dès son enfance il s'est endurci au mal.

Les Auteurs de *Dialogues* & les Historiens permettent à leur Réthorique de décider sur la réputation *des Morts*, encore faut-il qu'ils attendent que le jugement du public l'ait fixée ; mais pour les vivans, c'est ce qu'on n'entreprit jamais, sans encourir l'indignation publique.

L'Ami prétendu de M. de Voltaire a néanmoins cru devoir passer par-dessus toutes ces considérations. En écrivant

pour la Religion , son zèle l'a porté jusqu'à recourir à des voies qui font punir
les hommes dans les Tribunaux de la
Justice. Pour vous en convaincre , écoutez quelques-unes des *confidences* qu'il a
inventées.

“ Je me donnai la liberté de secouer   Pag. 142.
“ le joug de tout ce qui peut contraindre
“ l'esprit & la nature : plus d'une fois
“ mon BON HOMME DE PERE en versa des
“ larmes amères. Le Pere *Le Jai* , mon
“ Professeur de Réthorique au Collége
“ de LOUIS LE GRAND , s'apperçut   Pag. 143.
“ comme lui du penchant qui me do-
“ minait, & fit un jour mon horoscope.
“ En me prenant par la boutonnière ,
“ il me dit en pleine classe : *Malheureux ,*
“ *tu sera le drapeau des Incrédules &*
“ *des Impies.* Il était trop honnête
“ homme, pour que je voulusse le faire
“ mentir.... Les loix de la reconnois-   Pag. 224.
“ sance ne m'empêchent pas de dire du   premières
“ mal de mes bienfaiteurs.... Je me   Éditions.

» plais à déchirer ceux qui m'obligent.
» .... voilà ce qui me fait nommer fort
» PLAISAMMENT   par un Hollandais,
» CHIEN ROGNEUX ; & ce qui fit dire à
» d'autres, CHIEN ENRAGE' qui mord à
» droite & à gauche.

Pag. 229.
premières
Éditions.

Eh bien , Monsieur , appellerez-vous cela *une manière adroite & fine de rendre agréable une Dissertation sur les Œuvres de M. de Voltaire?*

Pag. 386-388.

En 1733 , un ennemi de la personne de M. de Voltaire fit de lui un por-trait , dans lequel il le répréfente comme le *Crispinus* de Juvenal. C'eft un monftre, fi le portrait lui reffemble. L'efprit & le cœur y font peints fous les plus affreufes couleurs.

M. l'Abbé répéte mot à mot , par *poftfcriptum*, ce portrait, & dit : *On ne fera pas fâché de trouver ici le portrait au naturel de M. de Voltaire.* Et moi

je

je foûtiens que tous les honnêtes gens feront indignés de ce procédé. M. de Voltaire s'eft-il confeffé à cet Abbé ? Comment fçait-il donc que telle eft *au naturel la peinture* de fon cœur ? Et vous, Monfieur , regarderez-vous encore fon Libelle comme une réfutation des *Œuvres de M. de Voltaire* ?

Quel eft donc, demanderez-vous, le deffein de cet Auteur ? Je n'en fçais rien , Monfieur ; mais voici fon pré-texte : » Décélons en particulier les er-» reurs monftrueufes etablies dans le » plus infidieux & le plus répandu de » tous les Livres. Eventons le poifon » fubtil & mortel renfermé dans pref-» que toutes les pages de cet ample Re-» cueil.... Mettons en garde contre des » attraits féducteurs ceux qui ne vou-» draient pas être furpris. C'eft vers eux » principalement que mes vuës font » tournées ; & ces vuës , c'est a la » Religion que je les consacre.

Préf. du prem. Vol.

B

L'Auteur fe perfuade-t-il qu'il aura bien des dupes ? Peut-il fe flatter de faire accroire que la Religion a exigé de lui qu'il remplît fon ORACLE de tant de traits qui heurtent de front, non-feulement les principes de la charité Chrétienne, mais encore ceux de l'humanité ? Les perfonnalités odieufes & les calomnies font-elles des armes que la Religion lui ait mifes entre les mains ? Il eft fort bien affurément de combattre les erreurs, quand on en eft capable : mais d'outrager les perfonnes d'une manière auffi fanglante, c'eft autre chofe.

Vous jugez bien, Monfieur, qu'un homme qui prête à M. de Voltaire de tels propos fur fa perfonne, fe donne beau champ dans l'expofition qu'il lui fait faire de fes principes.

1°. Il vient de nous promettre de s'en tenir aux Œuvres de M. de Voltaire;

il foûtient que *prefque toutes les pages de cet ample Recueil* font deftinées à établir des *erreurs monftrueufes.* Eh bien, Monfieur, foit qu'il l'ait oublié, foit qu'il ne trouvât pas encore affez de matière dans ce *Recueil,* quelque *ample* qu'il foit, il nous donne des Extraits, des Analyfes de *Hobbes,* du Livre *de l'Efprit,* des *Lettres Juives,* des *Penfées Philofophiques,* & de cent autres Ouvrages auxquels M. de Voltaire n'a non-plus d'intérêt que le *Grand Turc.* Notre Auteur veut néanmoins que M. de Voltaire en réponde. Et pourquoi cela ? Le voici. M. de Voltaire eft l'Oracle de tous les *Philofophes,* c'eft-à-dire Impies.

Si par malheur M. l'Abbé avait connu le Poëme de *Lucrece,* vous verriez qu'il aurait prouvé que M. de Voltaire y a eu grande part.

20. Quand il forme contre fon Ad-

verfaire quelque violente accufation, il tâche de l'appuyer, en cherchant dans des Piéces que M. de Voltaire défavoue, les paffages les plus licentieux, pour en parer fa Brochure. Vous y trouverez des tirades de *l'Epître à Uranie*, & du *Poëme de la Religion naturelle*; il vous renvoie même à *la Pucelle*.

Ce qu'il y a de plus fingulier, c'eft qu'il donne lui-même acte à M. de Voltaire, qu'il défavoue hautement & fortement *le Poëme fur la Religion naturelle*; & quoiqu'il foûtienne que M. de Voltaire eft l'Auteur de *la Pucelle*, il avertit néanmoins que ce Poëme a été falfifié par un ennemi de M. de Voltaire, qui y a inféré ce qu'il y a de plus mauvais. Voilà donc deux Piéces dont il ne devait pas faire ufage contre fon Adverfaire, s'il avait voulu fuivre les principes de l'équité naturelle.

A l'égard de *l'Epître à Uranie*, M. de

Voltaire convient-il qu'il en eft l'Auteur? Au refte, des Piéces de la nature de celles-là font-elles des Ouvrages à difcuter? Doit-on chercher des raifonnemens dans des délires poëtiques? Non, Monfieur, la raifon ne permit jamais de les réfuter, & la Religion défend de les lire. En bonne foi, croyez-vous qu'un Prêtre ait bien employé fon temps à étudier ces Piéces, & qu'il ait eu réellement en vuë le fervice de la Religion, en faifant réimprimer les morceaux les plus dangereux de ces Poëmes? Il croit néanmoins avoir fait une fi bonne œuvre, que dans peu vous verrez, de fa façon, des *Converfations critiques fur les Contes de la Fontaine*, les Epigrammes & quelques Allégories de Rouffeau.

30. Mais lorfque tout autre moyen lui manque, il fabrique des horreurs qu'il met dans la bouche de M. de Voltaire : pour cacher fon jeu, il figure des citations au bas des pages de fa Bro-

chure, au moyen de quoi il compte l'avoir rendu coupable.

Pag. 144. & suiv.

Demandez-lui où il a pris que M. de Voltaire a dit : » J'avais Jesus-Christ en » vuë, lorsque je me moquais de l'Idole » de *Foé....* Le Christianisme est le » monstre à qui j'en veux : de toutes les » Religions il n'y a que celle-là qui me » soit odieuse.... Les questions & les » pratiques des Chrétiens ne sont que des » inventions purement humaines, des » questions de pure Métaphysique. Celles » sur la Trinité, l'Incarnation, l'Eu- » charistie, ne sont que des disputes » chimériques où la raison ne comprend » rien. « Et mille autres impiétés de cette force.

Pag. 172.

P. 7. & 8.

4°. Ce n'est pas encore tout, Monsieur: afin de ne rien laisser d'innocent dans les Œuvres de M. de Voltaire, notre Auteur a trouvé un expédient dont il était digne d'être l'inventeur. Quel est

donc , ditez-vous, ce moyen ? Vous allez
l'apprendre. N'étiez - vous pas charmé
quand vous lifiez les endroits où M. de
Voltaire a fi bien exprimé les vérités de
la Religion ? Par exemple ceux-ci :

Quand l'ennemi divin dès Scribes & des
  Prêtres
Chez Pilâte autrefois fut conduit par des
  traîtres ,
De cet air infolent qu'on nomme *dignité* ,
Le Romain demanda : *Qu'eft-ce que vérité ?*
L'Homme-Dieu , qui pouvait l'inftruire ou
  le confondre ,
A ce Juge orgueilleux dédaigna de répondre.

. . . .

Mais lorfque pénétré d'une ardeur ingénue
Un fimple Citoyen l'aborda dans la rue ;
Et que Difciple fage , il prétendit fçavoir
Quel eft l'état de l'homme , & quel eft fon
  devoir ;
Sur ce grand intérêt , fur ce point qui nous
  touche ,
Celui qui fçavait tout , ouvrit alors la bouche ,
Et dictant d'un feul mot fes décrets fo-
  lemnels ,
Aime Dieu , lui dit-il , mais aime les mor-
  tels.

Voilà l'homme & fa loi. . . . .

Près de ce Capitole où régnaient tant d'al-
larmes

. . . .

Là Dieu même a fondé fon Eglife naiſſante,
Souvent perſécutée, & toujours triomphante.
Là fon premier Apôtre, avec la vérité,
Conduiſit la candeur & la fimplicité.

. . . . , . .

Il avoue (Henri IV.) avec foi que la Re-
ligion
Eſt au-deſſus de l'homme , & confond la
raiſon.
Il reconnait l'Eglife ici-bas combattue ;
L'Eglife toujours une , & par-tout étendue ;
Libre, mais fous un Chef ; adorant en tout
lieu,
Dans la grandeur des Saints , la grandeur
de fon Dieu.
Le Chriſt, de nos péchés Victime renaiſ-
fante ,
De fes Elus chéris nourriture vivante,
Defcend fur les autels à fes yeux éperdus,
Et lui découvre un Dieu fous un pain qui
n'eſt plus.

Eh bien , allez-vous dire, M. l'Abbé
trouverait-

trouverait il impies ces paſſages ? Non , Monſieur , il n'a pas encore la tête aſſez renverſée. Mais , plus ces Vers vous paraiſſent admirables , plus M. de Voltaire eſt coupable. Et comment cela? C'eſt que , ſelon *la confidence* qu'il a faite à M. l'Abbé , en écrivant ceci, il était d'autant plus impie , que non content de ne rien croire de ce qu'il exprimait , ſes paroles n'étaient que des dériſions. En voici la preuve. » La Poli- » tique ſeule conduiſait ma plume, quand » je parlais de la Religion en termes » avantageux, comme dans les Vers » que vous venez de voir.... Ceux qui » penſent que je n'en croyais rien , ont » bien raiſon.« N'eſt-ce pas là, Monſieur, un moyen admirable de trouver du *poiſon ſubtil dans toutes les pages* des Œuvres de M. de Voltaire ?

Pag. 143.

Pag. 142.

Quel eſt donc le deſſein de cet Auteur? Vous me le demandez encore ? Je n'en ſçais rien , vous dis-je. Ce qu'il y

C

À DE CERTAIN, c'eſt que M. l'Abbé a reçu de Rome *une Lettre fort honorable*, à ce qu'il dit, *à laquelle ſa Sainteté a bien voulu joindre une Médaille d'or*, & qu'il a tiré 1500 livres de ſon Libraire pour le ſeul premier Volume.

Je ſuis * * * *

SECONDE LETTRE

Sur les choses inutiles , & sur celles qui sont opposées aux vuës de l'Auteur.

Monsieur,

Les objets dont je vous ai entretenu dans ma première Lettre, n'étaient assurément guère amusans. On rit des *malices fines* ; mais on frémit à l'aspect de la *méchanceté*. Je compte que cette seconde Lettre sera moins sérieuse. Il s'agit ici de matières qui d'ordinaire n'ennuyent pas. Je n'oserais néanmoins me flatter que M. l'Abbé prenne plaisir à cette discussion ; mais il me suffit qu'elle vous divertisse.

Ne vous avifez plus de m'interrompre
à tout moment, par cette queftion em-
barraflante : *Quel eft fon deffein ?* Si vous
aviez lu l'ORACLE *des nouveaux Phi-*
lofophes, vous fçauriez qu'on eft dans
l'impoffibilité de répondre autre chofe
que ce que je vous ai dit à la fin de ma
première Lettre. Ecoutez, & tréve de
queftions.

Pag. 266.   1°. M. l'Abbé reproche à M. de Vol-
385.   taire d'avoir oublié des points d'Hiftoire
dans fes *Effais*. Cela peut être. C'eft-
à-dire, il n'eft pas furprenant que dans
des *Effais fur l'Hiftoire* on ne donne
pas des *Annales* complettes.

Croiriez-vous, Monfieur, qu'un Livre
confacré à la défenfe de *la Religion*,
eft deftiné à fupplementer ces *Effais* ?
Que le grand tiers du premier Volume
n'eft rempli que de Notes critiques à
ce fujet & de lambeaux hiftoriques pris

de côté & d'autre. Je ne vous les rap-
porterai pas ; lifez-les dans les Gazettes
du temps.

20. M. l'Abbé a du goût pour la fatyre , mais par malheur il n'en a pas le
talent. Pour contenter fa malice , il em-
prunte des Œuvres qu'il réfute , tout ce
qu'il peut. Vous trouverez dans l'ORACLE
tous les traits que la jaloufie de métier
& quelque différends perfonnels ont fait
fortir de l'imagination allumée de M. de
Voltaire contre Rouffeau , les repliques
vives qu'il a faites à des Auteurs tels que
l'Abbé Desfontaines. C'eft apparemment
pour l'édification des fidèles qui liront
la *fixième converfation* ; elle n'eft compofée que de ces morceaux.

Pag. 266-
290.

Parmi le nombre affez grand de Vers
que notre Auteur cite , je ne vous répé-
terai que ces huit , pour vous donner
une idée de tous.

> Quel monſtre plus hideux s'avance !
> La Nature fuit & s'offenſe
> A l'aſpect de ce vieux *Géton.*
> Il a la rage de *Zoïle* ,
> De *Gâcon* l'eſprit & le ſtyle ,
> Et l'ame impure de *Chauſſon.*

> C'eſt Desfontaines , c'eſt ce *Piêtre*
> Venu de Sodome à Bicêtre.

> . . . .
> . . . .

C'eſt dommage que M. de Voltaire ait ici voilé ſes idées ; car M. l'Abbé nous les aurait préſentées toutes nues. Il eſt franc.

Malgré le ſoin qu'il s'eſt donné pour chercher dans M. de Voltaire tous les endroits de ce genre ; malgré la quantité qu'il en a copiée, il n'eſt pas encore content. Il veut auſſi donner ſon coup de patte. Voyez avec quelle fineſſe, quelle délicateſſe il le fait. » L'Abbé Desfon-» taines était un brigand de la Littéra-» ture, qui a mérité à plus d'un titre

Pag. 280. premières Ed. 244.

» l'indignation des honnêtes gens, « tels
par exemple que M. l'Abbé.

C'eſt un malheur pour Desfontaines
d'être mort : s'il était vivant , notre
ORACLE ſe donnerait bien de garde de
parler ſur ce ton. Il le cajolerait, il lui
dirait : Vous êtes *un homme de beaucoup
d'eſprit* , UN EXCELLENT JUGE EN MA-
TIERE LITTERAIRES, comme il le dit à
M. FRERON. Suivons le fil de ſes plai-
ſanteries. » L'Abbé Macarti eſt un mi-
» ſérable à qui M. de Voltaire avait
» prêté 2000 liv. qui s'en alla ſe faire
» Turc, ſans les lui rendre.

Pag. 282.

Vous bâilleriez, Monſieur, ſi je vous
faiſais part de la longue relation que
M. l'Abbé a faite ſur la vie de ſaint Ignace
de Loyola, & ſur la fondation des Je-
ſuites. Sçachez ſeulement que » l'Inqui-
» ſition fit mettre ſaint Ignace en pri-
» ſon, parce qu'il dirigeait des Dévotes. «
Il n'y a cependant, me direz-vous , pas

grand mal à cela. Non, Monfieur ; mais c'eft que de ces Dévotes faint Ignace *Pag. 260.* » EN FAISAIT DES PELERINES « felon l'Hiftorien. Voyez-vous comme M. l'Abbé s'égaie ?

30. Mais ce n'eft pas le feul moyen qu'il en ait. Voici des Vers qui pourraient bien en amufer d'autres.

Pag. 284.

L'Amour dans mes plaifirs ne mêle plus fes peines,
La tardive raifon vient de brifer mes chaînes.
J'ai quitté prudemment ce Dieu qui m'a quitté.
J'ai paffé l'heureux temps fait pour la volupté,
Eft-il donc vrai , grands Dieux ! il ne faut plus que j'aime ?
La foule des beaux Arts, dont je veux tour à tour
Remplir le vuide de moi-même,
N'eft pas encore affez pour remplacer l'amour.

Je

Je ne vous verrai plus , Beauté , dont la ten-
    dreffe
Confola mes chagrins , enchanta mes beaux
    jours.
O charme de la vie , ô précieufe yvreffe !
Vous fuiez loin de moi , vous fuiez pour
    toujours.

Pag. 472.

La Beauté dans fon printems
Brille pompeufe & chérie :
Semblable à la fleur des champs
Le matin épanouie,
Le foir livide & flétrie
En horreur à fes Amans.

Pag. 473.

Tu viens de trahir l'Amour ;
Et tu ris , Beauté volage :
Un nouvel Amant t'engage ,
T'aime & te quitte en un jour ;
Et dans l'inftant qu'il t'outrage ,
On le trahit à fon tour.

Pag. 474.

Ces Vers , direz-vous , font-ils de
M. l'Abbé ? Non, Monfieur , il n'eft pas
Poëte : ce font des Vers de M. de Vol-
taire , fur lefquels il s'exerce , pour mieux

D

commenter les *Contes de la Fontaine.*
Il aime ces objets ; en voici une nouvelle
& bonne preuve.

4°. Ce font des *Converfations* fur les
erreurs monftrueufes contenues dans le
Candide , & la traduction du *Cantique
des Cantiques.*

Pag. 395. M. l'Abbé obferve, 1o. que » Candide
» fait l'amour à la fille d'un Baron , qui
» le chaffe de chez-lui, avec cent coups
» de pied dans le cul.

Ibidem. 2o. Que Candide » en s'enfuiant
» traverfe une armée , & reçoit 4000
» coups, qui depuis la nuque du cou
» jufqu'au cul , lui découvrent les
» mufcles & les nerfs.

Pag. 396. 3. » Que le lendemain Candide ,
» en fe promenant dans la ville, ren-
» contra un Gueux tout couvert de
» puftules, les yeux morts, le bout du

» nez rongé , la bouche de travers , les
» dents noires , & parlant de la gorge ,
» tourmenté d'une toux violente , & cra-
» chant une dent à chaque effort. C'é-
» toit *Pangloſſ* attaqué de la * * * ma-
» ladie qu'on ne nomme pas.

4º. Notre Critique remarque que   Ibidem.
» M. de Voltaire a fait une defcription
» admirable de la nature , des carac-
» tères, des fimptômes, & des effets de
» ce mal.

De cela , Monfieur , je m'en rapporte
au jugement favorable de M. l'Abbé ,
qui apparemment s'y connait mieux
que moi,

Remarquez , s'il vous plaît , à votre
tour , que ces propos fe tiennent vis-à-
vis & à la follicitation d'*une jeune*   Pag. 390.
femme, qui a reçu , felon M. l'Abbé,
une très-bonne éducation , & qui eft
fort *inftruite de fa Religion.* C'eft fâcheux

qu'il y ait là un Importun qu'on appelle * *le Maître de la maison* , fans lui
la converfation aurait été loin ; mais au
début , ce bon homme impofe filence
à M. l'Abbé , & dit : *Laiffez-là ces pla-*
titudes , ces fotifes.

Pag. 397.   » Pourquoi donc , reprend vivement
» la jeune femme ? la fingularité de ce
» début m'annonce une piéce comique ,
» j'aime beaucoup les Romans , & je
» prévois que celui-ci m'amufera: s'il vous
» ennuie , M. paffez dans votre Cabinet ;
» pour moi je n'en veux rien perdre.
» M. l'Abbé , continuez , fi vous voulez
» bien... Si la fuite répond aux pre-
» miers échantillons que vous en avez
» donnés , allez votre train. . . . .
» Mais je parlerai là-deffus plus li-

-----

* M. l'Abbé eft de fort mauvaife humeur
contre cet honnête mari ; il ne lui donne pas
d'autre nom. A chaque fois qu'il s'agit de lui ;
c'eft le *Maître de la maifon.*

» brement & PLUS SAVAMMENT que   Pag. 483.
» M. l'Abbé. « C'eft beaucoup dire,
l'Abbé n'eft pas fi neuf que de mer-
veilles. « Nous autres jeunes femmes
» nous aimons les propos un peu libres.
» Salomon ne fe fert-il pas de ces ex-
» preffions ? *Sein* parfumé, mammelles,
» cuiffe, ventre, nombril, &c. &c. &c.
» M. de Voltaire n'eft qu'un vieux Poëte
» qui ne croit pas que fon imagination
» puiffe vieillir ; & voilà nos grand-
» meres qui fe flattent d'être encore
» fraîches. . . . . & qui vont , avec con-
» fiance, les montrer fur le Boulevard. . .
» Je fçais vingt petits Maîtres. . . . qui   Pag. 484,
» célébreraient mieux que lui un bai-   & 485.
» fer lafcif, des appas naiffans , les fruits
» cueillis par le jeune Vendangeur , les
» momens de la jouiffance, les pamoi-
» fons , les répétitions. . . . . A vous,
» M. l'Abbé ; je n'avais que ce coup de
» piftolet à tirer.

» Madame, vous l'avez fort bien ti-

» ré. Ce que je pourrais dire de plus,
» ne ferait pas ſi amuſant. « Voilà,
Monſieur, quelques échantillons des matières ſur leſquelles notre Auteur s'étend
pour réfuter les *erreurs établies dans*
preſque toutes les pages des Œuvres de
M. de Voltaire. C'eſt à vous à juger de
la diſcrétion de M. l'Abbé, de celle de
la jeune femme ſa bonne amie.

Je ſuis * * *.

TROISIEME LETTRE

Sur les raisonnemens de l'Auteur.

Monsieur,

Vous avez vû le plan de l'Ouvrage, dont je vous fais l'extrait, vous en connaissez aussi les singulières digressions. Ecoutez maintenant les raisonnemens de M. l'Abbé.

10. M. de Voltaire regarde comme des *vérités* incontestables , *dont les Payens mêmes étaient pénétrés* , qu'il n'y eut jamais d'homme, qui ne reconnut un Dieu, et qui ne lui rendit quelques hommages. Que la Loi naturelle est gravée dans le cœur de

Pag. 10.

Pag. 7.

TOUS LES HOMMES. M. l'Abbé lui-même le prouve aſſez au long ; & pour en convaincre ſes Lecteurs, il leur **cite** ces beaux *Vers*.

Pag. 64.

> Non , le Dieu qui m'a fait , ne m'a point fait en vain:
> Sur le front des Mortels , il mit ſon ſceau divin.
> Je ne puis ignorer ce qu'ordonna mon Maître ;
> Il me donna ſa loi , lorſqu'il me donna l'être.
> La Morale uniforme , en tout temps , en tout lieu ,
> A des ſiécles ſans fin parle au nom de ce Dieu.
>
> 7
> . . . .
>
> Le bons ſens la reçoit , & les remors vengeurs ,
> Nés de la conſcience , en ſont les défenſeurs.
> Leur redoutable voix par-tout ſe fait entendre.
>
> . . . .
> . . . .

D'un

D'un bout du monde à l'autre, elle parle,
    elle crie :
Adore un Dieu, fois jufte, & chéris ta
    Patrie.
. . . .
. . . .
Eft-ce nous qui créons ces profonds fenti-
    mens?
Avons-nous fait notre ame, avons-nous
    fait nos fens?
. . . .
. . . .
Ainfi l'Etre éternel, qui nous daigne ani-
    mer,
Jetta dans tous les cœurs une même fe-
    mence :
Le Ciel fit la vertu, l'homme en fit l'ap-
    parence.
Il peut la révêtir d'impofture & d'erreur;
Il ne peut la changer, fon Juge eft dans
    fon cœur.

Telle eft, à cet égard, Monfieur, la
doctrine de M. de Voltaire, felon fon
Antagonifte même. De fon côté, que
foûtient-il ? Que *tous les hommes ont*

l'idée de Dieu, & celle de la Loi na-
turelle.

Vous croirez, peut-être, que ces deux hommes font d'accord, & qu'ainfi M. l'Abbé ne fait là-deffus aucun procès à M. de Voltaire. Je l'avais auffi cru d'abord : mais depuis j'ai reconnu mon erreur. Que *la feconde Converfation* m'a inftruit !

Apprenez, Monfieur, que fi M. de Voltaire & fon faux ami conviennent fur le fond de la queftion, ils différent néanmoins, (écoutez, cela mérite attention) ils différent SUR LE NOM qu'il faut donner aux idées de Dieu & de la Loi naturelle, qu'ils mettent l'un & l'autre dans l'efprit de tous les hommes.

M. de Voltaire ne veut pas appeller ces idées là, des *idées innées.* Voilà le fin de la difpute.

Les Athées ne reconnaiffent point les

idées innées; M. de Voltaire ne les admet pas, donc il eft Athée, quoique, fur la nature & l'exiftence de Dieu, il penfe de même que M. l'Abbé.

Les Difciples de Hobbes ne veulent point d'idées innées, donc M. de Voltaire eft *Hobbifte*, quoiqu'il ait une doctrine très-exacte fur la Loi naturelle. Apprenez, Monfieur, à raifonner jufte.

Ne croyez pas néanmoins, que, felon M. l'Abbé, tous ceux-là foient Athées, qui rejettent les idées innées. L'Athéifme de M. de Voltaire eft un Athéifne attaché à fa perfonne. C'eft une qualité propre de fon individu. Par exemple, » on difait autrefois fort in- » NOCEMMENT dans l'Ecole d'Ariftote, » qu'il n'y a rien dans l'efprit qui n'y » foit entré par les fens. *Nihil eft in in-* » *tellectu quod non priùs fuerit in fenfu.* » D'où nos Péripatéticiens concluaient,

Pag 68.

» SANS Y ENTENDRE MALICE , qu'*il n'y*
» *a point d'idée innée.*

Vous voyez par là, Monſieur , que
vous pourriez fort bien dire, que *tout*
homme reconnait un Dieu ; que *la Loi*
naturelle eſt gravée au fond des cœurs ,
ſans convenir que *ces idées ſont innées.*
Cela ne tirerait pas à conſéquence ; vous
le feriez *innocemment* , *& ſans malice.*
Mais on connait aſſez M. de Voltaire,
pour comprendre qu'il *entendait malice* ,
en tenant le même langage que l'Auteur
de l'ORACLE. On ne peut aſſurément
juger M. de Voltaire auſſi *innocent* que
M. l'Abbé.

2º. Celui-ci entreprend de prouver
contre M. de Voltaire , que nous avons
des idées innées de Dieu & de la Loi
naturelle ; mais, dès le commencement
de ſon diſcours, il change d'objet, & ou-
blie ſa promeſſe.

Si toutes ses paroles avaient quelque suite & quelque solidité, elles tendraient à montrer que ces deux idées sont communes à tous les hommes. M. de Voltaire le conteste-t-il ? Non, sans doute ; c'est sa doctrine.

Je pense que M. l'Abbé a oublié de mettre à la tête de la *seconde Conversation* : Les quarante pages suivantes ne regardent pas M. de Voltaire ; c'est une petite digression pour l'amusement du Lecteur.

Messieurs les Hobbistes sont ceux à qui notre Auteur adresse la parole, dans le courant de toutes ces pages. Comme il désespérait de se faire entendre de tous, il en choisit un dans le nombre, avec lequel il converse ainsi.

" Nous tenons de Dieu tout ce qu'il y " a de bon en nous. Cette majeure est   Pag. 42.

» de l'Apôtre faint Jacque. « Quel coup
de foudre pour un Athée ! » *Omne da-*
» *tum optimum, & omne donum perfe-*
» *ctum defursùm eft, defcendens à Pa-*
» *tre luminum, apud quem non eft tranf-*
» *mutatio, nec viciffitudinis obumbratio.*

» Que penfez-vous de ces principes ?
» On ne peut, répond l'Athée, vous
» les contefter.

» Or, continue M. l'Abbé, l'idée de
» Dieu eft la plus belle & la plus pré-
» cieufe de toutes les connaiffances dont
» notre ame foit ornée. Il faut que vous
» en conveniez. « Donc nous avons de
Dieu une ide'e inne'e.

Qu'en dites-vous, Monfieur ? Se trouvera-t-il un Athée affez opiniâtre pour
réfifter à cette démonftration ? Auffi ce-
Pag. 49. lui de notre Auteur répond-t-il : » La
» chose est sensible, & je vous avoue
» franchement que vous m'avez fait

» plaifir de m'éclaircir cette matière, que
» nos Meffieurs avaient fort embrouillée
» dans mon efprit. Je conçois parfai-
» tement que nous avons une idée in-
» née d'une Etre fuprême.

M. de Voltaire eft bien convenu qu'il
était un *Chien enragé* ; pourquoi cet
Athée aurait-il de la répugnance à faire
connaître qu'il n'eft qu'un fot ? fuivons
la converfation.

» Prouvez-moi à préfent, dit le nou-	Ibidem.
» veau Converti, que nous avons auffi	
» l'idée innée de la Loi naturelle. « On	Pag. 50.
dit, reprend M. l'Abbé, que *Hobbes a*	
foûtenu qu'il n'exiftait point de Loi na-	
turelle. Il eft vrai que j'ai vû *dans Clarke*	
un extrait de fes maximes ; elles font	Pag. 52.
abominables.	

Comme *il n'y a pas long-temps que* — Pag. 53.
j'ai fini le cours de mes Etudes , je fuis
encore tout rempli des fentimens & des

Pag. 53.
& ſuiv. *paroles de Ciceron.* Cet Orateur Philoſophe dit qu'il y a une Loi naturelle, il le répéte en quatre endroits différens de ſes Ouvrages. Il va même juſqu'à ſoûtenir que, de le nier, c'eſt une folie & une abſurdité. *Dementis eſt, ſtultiſſimum eſt.*

Tel eſt en abrégé le grand argument de M. l'Abbé. Il cite les quatre paſſages de Ciceron, & conclut par cinq fois: *Il eſt donc abſurde de penſer comme les Hobbiſtes.*

Peut-être, Monſieur, ne ſaiſiſſez-vous pas tout-d'un-coup la force invincible de ce raiſonnement. Pour vous aider à le ſentir, je vais mettre l'argument en forme.

Hobbes & ſes Diſciples nient l'éxiſtence de la Loi naturelle : mais Ciceron dit que c'eſt être fou que de la nier; donc les Hobbiſtes ont tort. Donc

NOUS

NOUS AVONS UNE IDÉE INNÉE DE LA LOI NATURELLE. CE QU'IL FALAIT DE-MONTRER contre M. de Voltaire.

A peine , Monfieur , notre profond Métaphyficien a-t-il achevé fa démonf-tration , que *le Gentilhomme* tout ef-frayé s'écrie : *Je ne fuis plus Hobbifte.* Pag. 63.
Vos argumens m'ont convaincu : que ces gens là raifonnent mal ! Quoi ! on leur répéte cinq fois , d'après Ciceron , qu'ils ont tort , & ils ne fe rendent pas !

Il refte pourtant un fcrupule au Gen- Pag. 64.
tilhomme Profélyte , il voit que fon Apôtre met M. de Voltaire au nombre des Difciples de Hobbes ; cela lui tient au cœur. *M. de Voltaire*, dit-il, *n'eft certainement pas de leur avis. N'êtes-vous pas content des beaux Vers* que nous avons vûs, fur la Loi naturelle ? *On ne peut rien de plus admirable ,* répond M. l'Abbé; *mais nous ne pouvons en rien conclure à l'avantage de M. de Voltaire.*

F

Je gage, Monsieur, que vous vous attendez que M. l'Abbé va faire dire à son Adverſaire qu'il parlait dans ces Vers autrement qu'il ne croyait. Eh bien ! vous vous trompez. Pour ce point, on ne le conteſte pas ; il eſt convenu que M. de Voltaire admet un Dieu & une Loi naturelle. Pourquoi donc, me direz-vous, eſt-il Athée & Hobbiſte ? Ah ! bon, vous voilà auſſi embarraſſé que notre pauvre Gentilhomme. Pourquoi ? Eh ! ne vous l'a-t-on pas dit ? *c'eſt* préciſément *à* Pag. 65. *cauſe* qu'étant M. de Voltaire, *il rejette les idées innées.*

Mais ſi vous êtes auſſi peu attentif que le Gentilhomme, du moins rendez-vous comme lui. » Vous me faites Pag. 67. » là, dit-il au Miſſionnaire, une ob-» ſervation qui ne m'était jamais venue » dans la penſée. « Où était donc ſon eſprit, quand on le lui a dit la première fois ? » J'ignore ce qu'il y aurait

» à vous répondre. La première fois
» que nous verrons M. de Voltaire, il
» faudra lui propofer votre difficulté.
» Pourquoi montre-t-il tant d'oppofition
» à reconnaître des idées innées ? Je
» vous avoue que je ne le comprends pas.

» Vous pouvez ajoûter , répond M.
» l'Abbé, que beaucoup d'autres ne le
» comprennent pas plus que vous. C'est
» le secret des nouveaux Philoso-
» phes.

30. Satisfait de la victoire qu'il vient
de remporter , au fujet des idées innées ,
M. l'Abbé paffe à une autre matière. Il
va préfentement difcourir *fur l'infuffifance de la Loi naturelle.* Il commence
par en donner la définition , afin de
procéder par ordre ; mais je crains bien
qu'il ne fe brouille ici, car le raifonne-
ment n'eft pas fon fort. Voyons.

» La Loi naturelle, dit il, eft un rayon   Pag. 39.

» de la lumière divine que le Créateur
» répand dans nos ames, pour nous faire
» connaître ce qui est bien, ou ce qui
» est mal. Par elle, nous sçavons ce
» qui appartient à Dieu, ce que nous
» devons être, & comment nous sommes
» obligés de nous comporter envers les
» autres hommes. Elle comprend tous
» les devoirs de la vie humaine.

Il me semble entendre M. de Voltaire
l'apostropher ainsi : Quelle fureur de con-
testation vous transporte ! nous sommes
d'accord, & vous voulez disputer ? Vous
venez de soûtenir, avec moi, que tous
les hommes connaissent la Loi naturelle, de manière à ne pouvoir la trans-
gresser sans remors. Vous vous plaignez
ici de ce que je prétends, à ce que vous
dites, que cette Loi suffit à l'homme.
Prenons pour régle la définition même
que vous en donnez. Si vous la croyez
juste, il faut convenir, malgré que vous
en ayez, de la fausseté, en même temps

de l'abfurdité de tous vos raifonnemens
fur *l'infuffifance de la Loi naturelle.*

Peut-il y avoir encore , par rapport
à la Morale, quelque chofe à défirer ,
du côté de l'entendement, quand il eft
éclairé d'un rayon de la lumière divine ,
qui lui fait diftinguer le bien du mal ?
Ne nous fuffit-il pas de connaître *ce*
que nous devons à Dieu , ce que nous
nous devons à nous-mêmes , & ce que nous
devons aux autres ? Enfin ne fommes-
nous pas pleinement inftruits, lorfque nos
lumières s'étendent *à tous nos devoirs ?*
Ne dites-vous pas dans votre définition
que c'eft *par elle* (la Loi naturelle) que
nous venons à ces connaiffances ? Vous
qui propofez aux autres des problêmes, *
comment réfoudrez-vous celui-ci ?

M. l'Abbé répondra , fans doute ,

____

* Voyez la fuite de cette Lettre, n. 5°.

(car les mots ne lui coutent rien :) Ne viens-je pas de vous faire une longue description, une énumération à perte d'haleine, des travers de tous les peuples que la Religion n'a point éclairés, de la manière dont ils ont vécu, des erreurs monftrueufes qu'ils ont fuivies, des crimes affreux qu'ils ont commis ? Tout cela ne prouve-t il pas que la Loi naturelle eft infuffifante ?

Cela prouve, répondra M. de Voltaire, que ces hommes là n'ont pas connu la Loi naturelle, ou bien que vous l'avez très-mal définie.

Pour moi, Monfieur, fi j'étais Docteur de Sorbonne, je cenfurerais route cette ennuyeufe differtation, comme *Pélagienne* : elle tend à foûtenir qu'il fuffit à l'homme de connaître fes devoirs pour les pratiquer. ANATHEME. Ne l'excommunions pas néanmoins le pauvre Abbé. Il aura dit tout cela *innocemment , & fans*

Pag. 74. 82.

ÿ *entendre malice.* Ce qui me le fait ſoupçonner, c'eſt que, pour concluſion, il contredit formellement ſa définition. La Loi naturelle *toute ſeule*, dit-il, laisse l'homme dans un prodigieux aveuglemfnt. Elle ne l'inſtruit donc pas *de tous ſes devoirs.* Elle ne le met donc pas à portée *de connaître* tout *ce qui eſt bien, ou ce qui eſt mal?* Il n'y a pas long-temps qu'il eſt ſorti du Collége : il aurait grand beſoin d'y retourner.

Pag. 82.

40. M. l'Abbé trouvant ſon Gentilhomme d'aſſez bonne compoſition, profite du moment favorable pour lui répéter un morceau de Sermon ſur l'établiſſement du Chriſtianiſme, & ſur la divinité de la Révélation. Mais ne ſe ſentant pas en état de traiter comme il faut cet objet, & de faire valoir les preuves de cette importante matière, il a recours à une ruſe aſſez ſingulière.

Pag. 83- 96.

Il feint que cette Converſation ſe fait

en revenant de *la belle maison de M. de Voltaire*, pour se rendre à Lausane ; & comme il lui a plû de situer cette belle maison *non loin* de la ville , son excuse est que *le temps presse*, & qu'ils font bientôt arrivés. *C'est pourquoi il ne fait qu'effleurer ces matières*, & ne prouve rien de ce qu'il avance. Cela n'est-il pas bien rencontré ?

Vous croirez peut-être , Monsieur , que le Gentilhomme lui dit, qu'il est le maître d'aller moins vîte, de s'arrêter en causant, ou bien d'achever la Conversation après qu'ils feront arrivés , d'autant plus qu'il couche chez ce Gentilhomme. Point du tout , cet honnête Profélyte n'a pas befoin de preuves , il est convaincu.

50. Si vous fçaviez donc , Monsieur, que notre Abbé en converfant avec fon Gentilhomme l'a laiffé là un certaintemps, pour parler à M. Roufleau de Genève ;

c'est

Pag. 86.

Pag. 72.
& fuiv.

c'eſt alors que vous ſeriez encore bien moins content de ſon excuſe. Qu'était-il néceſſaire, diriez-vous, puiſque *le temps preſſait*, de faire cette digreſſion? Ah, ah! écoutez-la, Monſieur, cette digreſ-ſion, avant que de prononcer ſur ſon utilité.

Il s'agiſſait de propoſer à M. Rouſſeau deux Problêmes inſolubles: au moins le paraiſſent-ils à M. l'Abbé. *Pour enga-ger* M. Rouſſeau à lui répondre, il le flatte, il l'appelle *la plus belle plume des nouveaux Philoſophes, en dépit de tout ce que Mrs les Voltairiſtes pour-ront dire.* » Ce compliment, ajoûte-t-il,
» doit vous piquer d'honneur, & vous
» engager à réſoudre ces deux Pro-
» blêmes.

Pag. 73.

Je me mets, Monſieur, auſſi peu en peine que l'Auteur, de ce que les Vol_tairiſtes diront de ſon compliment: mais je ſuis bien aſſuré que M. Rouſ-

G

seau n'en sera pas *piqué d'honneur*. Quels sont, direz-vous, ces deux Problêmes? Les voici. 1°. » Où avez-vous pris que les » hommes ont été originairement dans » l'état des Sauvages. 2°. Vous vous » intitulez Citoyen de Genève. Vous » êtes donc bon Protestant. A ce titre, » vous admettez l'authenticité des Ecri- » tures, & l'autorité de Moyse qui dé- » truit toutes vos idées.

Pag. 72.

Pardonnons-lui encore, Monsieur, cette bévuë. Il ne sçait pas que les meil- leurs Catholiques nous apprennent » que » l'on vit les premiers hommes errer » dispersés dans les bois & dans les cam- » pagnes, sans loix, sans police & sans » chef : que toutes les anciennes Tra- » ditions déposent que LES PREMIERS » HOMMES MENAIENT UNE VIE PEU DIF- » FÉRENTE DE CELLE DES ANIMAUX, & » entiérement conforme à celle de ces » Peuples dénués de tous les principes » de l'humanité, PEU DIFFÉRENS DES BESTES

Origine des Loix, &c. Intro- duction.

» BRUTES, qui n'ont pour retraite que
» les antres & les cavernes, & qui
» n'ont de l'homme que la figure.

Que M. l'Abbé life l'Ouvrage de
M. Goguet, & les citations qui fe trouvent au bas des pages, il fçaura dès-
lors où l'on peut prendre ce qu'il ignore.

Mais, Monfieur, avez vous remarqué le fecond *Problême* de notre Au-
eur. *Citoyen de Genève,* & PAR CONSE-
QUENT *bon Proteftant*; Bourgeois de
Paris, & par conféquent bon Catholique.
Ces conféquences ne font-elles pas né-
ceffaires ? Revenons au Gentilhomme.

60. » Le lendemain matin M. l'Abbé
» fut dans l'appartement de fon aimable
» Hôte, pour lui faire une vifite de
» politeffe. .... La Converfation tomba
» fur la diverfité des Religions & *fur la*
» *tolérance.*

Voyons s'il nous apprendra quelque

Pag. 96.

G ij

chofe. Par bonheur, il eft à fon aife ;
ce n'eft plus en courant qu'il converfe,
qu'il prêche. Son *aimable Hôte* lui a fans
doute préfenté un fauteuil ; il eft *matin* :
que faut-il de plus ?

Si vous aviez , comme moi , la patience de lire la *troifième Converfation* ,
vous verriez tout - d'un - coup combien
notre Auteur était en train.

Pag. 96-
136.   M. l'Abbé aime , comme vous fçavez ,
les longues defcriptions : cette Converfation en eft une autre preuve. Et qu'y
décrit-il ? Ce qu'il y décrit ? les empor-
temens, les fureurs, les attentats , les
maffacres qu'infpira le Fanatifme à ceux
qui fe laifférent féduire par les préten-
dus Apôtres réformateurs. Il met tout
cela fort au long en oppofition, en pa-
rallele avec la douceur & la patience
des premiers Chrétiens.

Vous voyez les uns ne refpirer que le

fang & le carnage ; les autres pénétrés
de l'efprit de charité & d'amour fraternel pour tous les hommes. Les uns
comme un torrent impétueux brifent,
renverfent tout ce qui s'oppofe à leurs
défirs ; les autres fouffrent avec une patience à toute épreuve les méchans , &
leurs perfécutions.

Eh bien , me direz-vous , que con-
clut-il de là ? Ce qu'il conclut ? Belle de-
mande ! Que la *tolérance* eft un crime.
LES PREMIERS CHRÉTIENS SOUFFRAIENT
TOUT, LES PROTESTANS AU CONTRAIRE
ÉTABLISSAIENT LEUR PRÉTENDUE RÉ-
FORME PAR LE FER ET LE FEU. DONC IL
FAUT ESTRE INTOLERANT. Cela n'eft-il
pas décifif ?

7°. J'oubliois, Monfieur, le plus im-
portant de cette Converfation. M. l'Abbé,
après avoir accufé M. de Voltaire d'A-
théifme , veut préfentement lui prouver
à lui-même qu'il croit fermement toutes

les vérités Chrétiennes. Rien n'eſt plus fort que l'argument par lequel il preſſe ſon Adverſaire. *Vous ne voulez pas que je diſe que vous ſerez damné? Donc vous croyez la doctrine du Chriſtianiſme, de l'Egliſe Catholique. O TESTIMONIUM ANIMÆ NATURALITER CHRISTIANÆ!*

En voilà bien aſſez, Monſieur, pour une Lettre; ainſi,

Je ſuis * * * *.

QUATRIEME LETTRE.

Suite des raisonnemens de Monsieur l'Abbé.

Monsieur,

Encore des raisonnemens. Quoique ceux que je vous ai rapportés, fussent si clairs que vous n'avez pas eu besoin de beaucoup d'attention pour les entendre, j'ose néanmoins vous en promettre de plus lumineux.

En lisant la SUITE DE L'ORACLE *des nouveaux Philosophes*, on apperçoit sur le champ que M. l'Abbé se forme toujours de plus en plus. L'esprit géométrique se fait sentir ici à chaque page;

vous en conviendrez tout-à-l'heure.

Mais, direz-vous, notre Auteur n'a-t-il pas fini la discussion des Œuvres de M. de Voltaire? Il avait, selon lui, *décélé les erreurs monstrueuses de l'ample Recueil*: il se flattait même de les avoir si solidement réfutées, que *le poison en était éventé*.

De notre côté, Monsieur, nous avons remarqué que, pour fournir sa première Brochure, il avait été réduit à y insérer des Articles de Gazettes, des Supplémens historiques, des Galanteries, des Satyres, & enfin des *aveux supposés*, & de fausses *confidences*.

Mais depuis que M. l'Abbé est parti de Lausane, que d'événemens! L'esprit de mensonge, qui a vû tous ses desseins renversés, est entré en fureur, & a vomi sur la terre un monstre bien plus redoutable que tout *l'ample Recueil*. Voilà,

Voilà, Monsieur, le nouvel Adverfaire de M. l'Abbé : voilà les motifs de cette nouvelle guerre.

Ce monftre épouvantable, c'eft *Candide*, ce petit *Roman comique*, qui paraît dans le public depuis les neuf premières *Converfations* de l'*Oracle*. Bon, direz-vous : M. l'Abbé eft, fans doute, bien éloigné de fe former une telle idée de *Candide*.

Eh ! Monfieur, l'avez-vous lu cet exécrable Candide ? *C'eft un Ouvrage plus pernicieux & plus impie, que tout ce qui eft forti de la plume de M. de Voltaire. C'eft un Œuvre diabolique, vous dis-je, dans lequel il ne s'agit pas moins que de faire revivre le Manichéifme.*

Pag. 409.

M. l'Abbé, comme un nouvel Auguftin, fe préfente & terrafse le monftre, *& dux femina facti.*

Mais comme cet illuftre Défenfeur de

H

la Religion a un courage & une force
supérieurs à tous les assauts, il livre en
même temps le combat aux *Paraphrases*
de quelques endroits *du Cantique des
Cantiques & de l'Ecclésiaste.*

Ces Paraphrases ne rendaient pas assez
exactement le sens de l'Ecriture, notre
Auteur en donne de nouvelles. Pour
achever de confondre *le faiseur de Précis,* il met fort adroitement en oppo-
sition les endroits les plus sublimes de
l'Ecriture avec les fables du *Candide.*
Les passages de la Bible sont rapportés
au long en Latin, & M. l'Abbé y joint
une *Traduction nouvelle avec des Commentaires.*

Sans cela, il aurait craint qu'on n'eût
pris le change, & que *Candide & les
Précis* n'eussent été substitués aux
Livres saints. Alors son triomphe est
complet. Il fait voir que *l'imagination
de l'Auteur de* Candide *a passé les an-*

Pag. 405.

nées de la fecondité , que *l'Auteur de*
la HENRIADE *eſt mort il y a long-temps*
ſur le Parnaſſe (en dépit de Tancréde).
Moyſe, ajoûte-t-il, *quoiqu'agé de cent*
vingt ans, était encore en état de pro-
duire un Poëme tel que le ſublime Can-
ique, AUDITE CŒLI *, &c.* & M. de
Voltaire était bien tombé dès le temps
où il fit *la Comédie* DE LA FEMME QUI A
RAISON.

Vous m'impoſez ſilence , Monſieur,
& vous n'avez pas tort. Laiſſons à M.
l'Abbé des paralleles auſſi impies. M. de
Voltaire n'a jamais prétendu s'égaler au
Saint-Eſprit ; & celui qui en fait la com-
paraiſon , ne voit-il pas que c'eſt lui-
même qui blaſphême ? S'il veut tourner
en ridicule M. de Voltaire , du moins
qu'il cherche une autre méthode. Revenons.

Les Manichéens, comme vous ſçavez ,
Monſieur , rejettent l'ancien Teſtament,

comme l'œuvre du mauvais Principe. M. de Voltaire est *Manichéen*, ainsi que M. l'Abbé l'a DÉMONTRÉ ; c'est pourquoi vous trouverez dans la *suite de l'Oracle* CINQ CENS bonnes pages remplies de *raisonnemens de M. l'Abbé*, pour établir la divinité de l'ancien Testament. Telle est, Monsieur, la matière de cette grosse SUITE.

Les neuf *Conversations* qui la complettent, se tiennent entre M. l'Abbé, une jeune Femme, un jeune Incrédule, & *le Maître de la maison*. Vous connoissez déja M. l'Abbé, vous sçavez aussi de la jeune Dame, qu'elle est *instruite*. Ne me demandez pas si elle est la femme du *Maître de la maison* ; il y a quelqu'apparence : mais, comme l'Auteur ne s'est pas expliqué là dessus, je n'assurerai rien. Quoi qu'il en soit, je suis bien trompé, si ses propos ne vous ont pas fait naître le désir de connoître sa profession. Vous allez être satisfait. Elle s'explique

là-deſſus autant que la décence le per-
met. » Je puis vous aſſurer, dit-elle,   Pag. 484.
» qu'il n'y a pas une des ſtances du Can-
» tique des Cantiques, que les Acteurs
» & les ACTRICES DE L'OPÉRA COMIQUE
» ne ſçachent en chanſons ; A MON ÉGARD
» J'EN POURRAIS DIRE UN BON NOMBRE. «
Voilà qui eſt clair.

Le jeune Incrédule n'eſt pas difficile
à démêler, pour le caractère. C'eſt po-
ſitivement le ſecond Tome du *Gentilhomme* Athée , que M. l'Abbé a converti dans ſa première Brochure. Vous
vous reſſouvenez combien il a montré
d'opiniatreté. Notre jeune Incrédule en
a un peu moins ; il n'eſt pas ſi enraciné
dans le mal. Auſſi le Gentilhomme n'a
été que converti, au lieu que le jeune
homme, pour prix de ſa docilité, va
devenir , en trois heures, le plus zélé
Miſſionnaire que la S.... ait jamais envoyé
au Paraguaï. Enfin , M. l'Abbé , tout
ſçavant qu'il eſt , ſe trouve obligé en

les plus abominables. M. l'Abbé va tout-
d'un - coup au fait : écoutez. *Je trouve
des événemens qui n'ont pas de vrai-
semblance.* Par exemple, » un homme
» qui a le crane fracaffe & les entrailles
» déchirées, fe trouve rétabli dans peu
» de jours. Le croyant mort, on lui
» jette, à l'ordinaire, de l'eau bénite ;
» il lui en entre dans l'œil une goutte,
» qui fe trouvant falée, le réveille, &
» le met en état d'être guéri en fort peu
» de temps.

Là deffus M. l'Abbé prend fon ton
badin, & s'écrie : *Pitoyable jeu de Roman !*

Puifqu'il a tant de fagacité à découvrir les défauts de ce genre, on ne peut
trop l'exhorter à nous donner des *Converfations critiques fur les évenemens in-
croyables* du *Gargantua,* du *Pantagruel,*
du *Roman comique,* &c. &c.

Vous lui donnez bien de la befogne, me
direz-vous. Eh ! il n'a que cela à faire ; & il
est

Pag. 401.

st laborieux ; pesez-moi ses Brochures.

Vous attendez que M. l'Abbé réfute
e *Candide* ? Ne vous souvenez - vous
pas que c'est la jeune femme à qui il est
éservé de confondre *le Manichéisme*.
M. l'Abbé n'est ici que Catéchiste.

» Oh, oh ! dit le jeune homme, en   Pag. 421.
» éclatant, voici une plaisante scène qui
» se prépare.... Nous allons voir quel-
» que chose de comique.

» Pas si comique, « répond M. l'Abbé,
qui commence ses interrogations.

L'Abbé. » Qui a créé le monde ?   Ibidem.

La jeune Dame. » C'est Dieu.

L'Abbé. » Personne n'y a-t-il travaillé
» avec lui ?

La jeune Dame. » Eh ! qui donc ;
» le Diable ?

L'Abbé. » Eh ! pourquoi pas ?

La jeune Dame. » Il aurait gâté la
» besogne.

I

L'ABBÉ. » Elle est gâtée.

LA JEUNE DAME. » Non, elle n'est pas
» gâtée.

Pag. 422.   L'ABBÉ. » Eh ! les araignées, les sou-
» ris, les chenilles, les serpens, les insectes
» qui nous piquent, & tant d'autres ani-
» maux dégoûtans, les poisons, les herbes
» venimeuses, tout cela est-il bon ?

LA JEUNE DAME. » C'est une faiblesse
» pitoyable d'avoir peur d'une araignée
Pag. 423. » & d'une souris ... Si la figure des
» chenilles déplaît à bien des gens, c'est
» un préjugé sot & misérable.

Pag. 424.   L'ABBÉ. » Ce que vous venez de dire,
» Madame, montre CLAIREMENT qu'il
» n'y a rien de mauvais dans la nature. «
D'ailleurs, les saints Peres soûtiennent,
que tout ce qui arrive, arrive pour un
bien. Ainsi voilà le Manichéisme renversé
de fond en comble, & M. de Voltaire
convaincu d'impiété. N'est-ce pas, Madame, que ce *Candide* est un mauvais
Ouvrage ?

Pag. 413.

LA JEUNE DAME. » Ce sont des hor-
» reurs qui font dresser les cheveux ; &
» il faut s'être endurci l'esprit, le cœur
» & la conscience, pour oser les écrire
» & les publier, sans fremir, &c. &c. &c.

Après avoir, par le secours de la jeune
Actrice, détruit le Manichéisme dans ses
fondemens, M. l'Abbé l'attaque dans une
de ses conséquences. C'est le jugement
que les Manichéens portaient de l'ancien
Testament.

Vous sçavez, Monsieur, la quantité
assez grande d'excellens Ouvrages faits
pour démontrer la divinité, l'authenticité de l'Ecriture sainte. M. l'Abbé ra-
masse de côté & d'autre ce qu'il juge de
meilleur, forme de tous ces Extraits un
Volume de cinq cents pages, dans lequel
il est impossible de démêler à quoi ten-
dent les morceaux empruntés dont il
l'a composé.

1 ij

Chacun de ces paſſages a, ſans doute, ſon utilité ; mais comme M. l'Abbé n'a pas la judiciaire fort étendue, il n'eſt pas ſurprenant que chez lui ces raiſonnemens ſe ſoient convertis en ſophiſmes. C'eſt l'obligation que lui ont les Auteurs qu'il a pillés.

Il ſerait injuſte de rendre ces Auteurs reſponſables de la bévuë de M. l'Abbé. Laiſſons-les donc en paix, & n'examinons que ce qui eſt propre à notre Critique. Il nous avertit lui-même qu'il a

Avert. p. 4. & ſuiv.

» oſé remanier cette queſtion , quoi- » qu'elle ait été traitée cent fois par nos » Apologiſtes anciens & modernes, & » d'une manière convaincante.

Pourquoi, demanderez-vous, M. l'Abbé ne laiſſe-t-il pas les *cents* Ouvrages tels qu'ils ſont ? Pourquoi veut-il revenir ſur une matière *cent fois traitée d'une manière convaincante ?*

Eh ! pourquoi, pourquoi ? apprenez-le de lui-même. » Je la préſente ſous de » NOUVELLES FACES, qui ne me paraiſ- » ſent pas avoir été ſuffiſamment DÉ- » PLOYÉES.

Ibidem.

Avez-vous quelque choſe à répliquer ? Non, ſans doute. Ecoutez donc M. l'Abbé *déployer ſes nouvelles faces*; & voyez s'il n'eſt pas évident, par ce Syllogiſme, que le *Cantique des Cantiques* eſt un Poëme divin.

» S'il eſt clair que le Cantique des » Cantiques eſt l'Ouvrage de l'Eſprit » de Dieu qui l'a dirigé, il eſt impie » de lui attribuer les ſentimens & les » leçons de l'impureté. DONC le *Can-* » *tique des Cantiques* eſt un Poëme al- » légorique inſpiré de Dieu. Je pourrais » vous démontrer ENCORE AVEC PLUS » D'ÉVIDENCE, que tous les Livres de » l'ancien Teſtament ſont également

Pag. 509.

» l'Ouvrage de l'inſpiration divine :
» mais cette diſcuſſion me jetterait trop
» loin.

» Ah ! à la bonne-heure,« dit le Maître
de la maiſon. Vous croyez , Monſieur,
en être quitte ? Point du tout ; le lendemain notre Auteur revient au rendez-
vous du jeune homme & de la jeune
Actrice , & les prêche ainſi.

Pag. 514.　L'Auteur des *Penſées Philoſophiques*
a dit : » *La divinité des Ecritures n'eſt*
» *point un caractère ſi clairement em-*
» *preint en elles , que l'autorité des*
» *Ecrivains ſacrés ſoit abſolument indé-*
» *pendante du témoignage des Auteurs*
» *profanes.*

Pag. 516.　» C'eſt-à-dire, reprend M. l'Abbé,
» que les Livres de l'ancien Teſtament
» ne pourront être regardés comme di-
» vins, & les Hiſtoriens ſacrés n'auront
» d'autorité, qu'autant que les uns & les

» autres feront confirmés par les Ecri-
» vains Payens.

Que dités-vous, Monfieur, de cette
glofe ? Je fçais bien que, felon le fens
commun, ce paffage de l'Auteur des
Penfées Philofophiques doit être tout
différemment interprété. Tout le monde
croirait qu'il veut dire : *Un Incrédule*
auquel on préfente , pour le convaincre ,
les Livres hiftoriques de l'ancien Tefta-
ment , a droit d'examiner fi les princi-
paux événemens , les faits les plus im-
portans contenus dans ces Livres , font
réellement arrivés. Le feul moyen qu'il
en ait , c'eft de parcourir les autres
Hiftoriens , & de voir s'il ne faut pas
rejetter toute certitude morale , pour
douter de la vérité de ces faits.

Voilà , je l'avoue , ce que dicte le
bon fens : mais M. l'Abbé eft beaucoup
plus inftruit. Il prétend que ce paffage
doit être entendu comme il l'explique,

& là-deſſus il établit cette démonſtration.

Pag. 517.   » L'enfant réfuterait ici le Philoſophe
» & ſes *Penſées Philoſophiques.* Ne
» voyez-vous pas que vous renverſez
» ici toutes les notions du ſens commun?
» Il dit à tout le monde, que le divin
» & le ſacré le ſont en eux-mêmes;
» que, pour être tels, ils n'ont pas be-
» ſoin d'un témoignage profane… Cette
» réfléxion ſuffit & anéantit votre prin-
» cipe & votre difficulté.

Pour rendre cette démonſtration ſen-
ſible à tout le monde, ſuppoſons qu'un
homme tout nouvellement arrivé d'une
Iſle inconnue ſe préſente à M. l'Abbé,
& converſe avec lui à peu-près de cette
manière.

L'Etranger. J'ai oui parler, Monſieur, de votre ſçavoir & de votre zèle.
Je vous plains néanmoins de n'être pas
inſtruit des objets contenus dans le Livre

que

que vous voyez entre mes mains. C'est
un Livre inspiré par le Dieu que l'on
adore dans ma Patrie. Je viens exprès
ici pour vous le faire connaître ; & je
me flatte que, aussi-tôt que vous serez
au fait des choses qu'il contient , vous
en serez un Apôtre zèlé.

M. l'Abbé. Avant que de décider si
votre Histoire est divine , voyons si elle
est vraie.

L'Etranger. *Mais ne voyez-vous pas
que vous renversez toutes les notions
du sens commun , &c. &c ?* Il ne s'agit
pas d'examiner si mon Histoire est vraie ,
puisque je vous dis qu'elle est divine.

M. l'Abbé. Mais M. l'Etranger , en
lisant votre Livre , j'y vois des événemens arrivés dans des temps & des pays
dont nous avons un bon nombre d'Histoires. Aucune n'en fait mention. La
vôtre contredit même le consentement

K

unanime de toutes les autres, fur des faits dont on ne peut douter. Votre Auteur met la France en Afie, & fait régner Céfar fous le fiécle de Lou is XIV. Tenez, remportez votre Hiftoire, & me laiffez en paix.

Encore une fois, répond l'Etranger, je vous dis que mon Livre eft divin. *Il n'a pas befoin d'un témoignage profane. Il l'eft en lui-même* ; jamais il n'en » perdra le caractère, quand tout le » genre humain s'éléverait en contra- » diction. « Croyez-y donc , & changez bien vîte de Religion.

Si M. l'Abbé eft conféquent, ne le voilà-t-il pas apoftat ?

Soit qu'il ait fenti lui-même la fauffeté de fa réfléxion , foit démangeaifon de parler, il a recours à d'autres preuves, quoique celle-ci lui eût d'abord paru *fuffifante* ; & moins fier , il dit à fon Ad-

verſaire : » Il s'agit donc de vous faire
» voir que les Livres de l'ancien Teſ-
» tament ſont conformes aux témoi-
» gnages de l'Hiſtoire & des Ecrivains
» profanes. J'accepte le défi que vous
» me faites de le montrer, d'autant plus
» que c'eſt ici le vrai nœud de la dif-
» ficulté entre les nouveaux Philoſophes
» & nous.

Ecoutez préſentement, Monſieur, le
Dialogue entre M. l'Abbé & le jeune
Incrédule.

Le jeune homme. » Comment une
» Nation (les Juifs) auſſi célébre que
» vous le dites, ne parait-elle pas dans
» les anciens Ecrivains de la Grèce, dont
» les Œuvres ſont parvenues juſqu'à
» nous, « quoique ces Hiſtoriens parlent
de Peuples bien moins célébres, & de
ceux mêmes dont l'Hiſtoire eſt néceſſai-
rement liée avec celle des Juifs, par les
grands événemens que l'Ecriture ſainte
nous expoſe.

Ibidem.

Pag. 519.

K ij

M. l'Abbé. » Ils n'en ont rien dit,
» soit qu'ils n'aient pas connu cette Na-
» tion, soit qu'ils l'aient trop méprisée.
» Ceux mêmes qui, dans les derniers
» temps du Paganisme, en ont voulu
» parler, n'en ont débité que des erreurs
» grossières, & contradictoires entr'elles.

Pag. 522.   Le jeune homme. » Mais, si les uns
» n'ont pas fait mention des Juifs, &
» si les autres n'en ont avancé que des
» erreurs , comment voulez-vous me
» faire voir par leurs témoignages l'au-
» thenticité & la vérité de vos Livres
» saints?

M. l'Abbé. » Aussi n'est-ce pas par
» cette voie que je prétens vous en con-
» vaincre.... Pour trouver la confor-
» mité qui est entre l'Histoire sainte &
» l'Histoire profane, il faut que les dif-

Pag. 525.   » férentes Nations viennent appren-
» dre dans nos Livres sacrés quels

» sont les chefs dont elles sont sorties,
» ce qu'elles furent dans leur berceau ;
» & vainement chercheraient-elles ail-
» leurs des lumières propres à les inf-
» truire.

C'est-à-dire, voilà des faits qui se trouvent dans l'Ecriture sainte , & qui ne se trouvent que là. Les différentes Nations doivent les adopter , chacune pour ce qui la concerne. Qu'elles mettent ensuite ces faits au commencement de leur Histoire, alors il n'y a point de tête si dure, qui ne comprenne sur le champ, que les Histoires profanes sont conformes aux Livres saints.

» Donc ces archives de tous les
» Peuples sont vraies : *donc* elles sont
» de la première antiquité, & elles con-
» tiennent les titres primordiaux de toutes
» les Nations.

Ibidem.

N'est-il pas vrai, Monsieur, que ces

faces que notre Abbé *déploie*, font en effet *nouvelles*. C'eſt une logique par le ſecours de laquelle on parvient à tirer des concluſions vraies, de *prémiſſes* les plus abſurdes. Notre Abbé néanmoins eſt ſi ſatisfait de lui-même, qu'il ſe fait complimenter ainſi par le jeune Incrédule, qui enfin eſt converti. » Je ſens un vrai » plaiſir à vous entendre ; vos réfléxions » ſont intéreſſantes, lumineuſes & ab- » ſolument *neuves pour moi.* « Elles le feront pour bien d'autres.

Je ſuis * * *.

Pag. 531.

CINQUIEME LETTRE

Sur les menus raiſonnemens de M. l'Abbé.

Monsieur,

Je n'ai pás voulu interrompre le fil des raiſonnemens de M. l'Abbé. J'ai gardé les digreſſions, les épiſodes, les écarts, &c. &c. pour une Lettre exprès. M'y voilà venu ; & je terminerai, s'il vous plaît, ma tâche par cette Lettre.

10. Ce n'eſt plus ici un badinage : nous avions cru vous & moi, que Mr de Voltaire n'était que *Philoſophe* ; & cela nous paraiſſait bien aſſez. Ah ! Mon-

Tab. p. 18. fieur, c'eſt un *Séditieux qui compoſe des Satyres contre les Puiſſances , qui enſeigne des maximes affreuſes contre les Rois , qui ſe déclare l'ennemi de tous les Tribunaux , de toutes les Nations , de tous les Etats , de tout le Genre humain.*

Enfin , Monſieur , il n'y a que le Diable à qui M. de Voltaire n'ait point dit d'injures ; encore n'en voudrais-je pas jurer.

S'il eſt ainſi, me direz-vous, il le faut enfermer, plutôt que de le réfuter. Quoi ! aurait-il été auſſi l'ORACLE des *Buſem-baum*, des *la Croix*?

Cela pourrait bien être ; & je vais, d'après M. l'Abbé, vous *prouver par les faits* la juſtice de ces accuſations.

Pag. 247. 10. N'eſt-il pas affreux que M. de Voltaire penſe qu'*un Roi élu par le Peuple ,*

Peuple , couronné par voie d'élection , poffède fon Royaume à un titre auffi jufte , que le Roi qui le tient du droit de fa naiffance ?

2o. N'eft-il pas affreux que M. de Voltaire appelle *barbares fédentaires ,* ces fléaux de l'humanité , *qui du fond de leur cabinet , ordonnent , dans le temps de leur digeftion , le maffacre d'un million d'hommes ?*   Pag. 246.

3o. Peut-on entendre , fans frémir, ces Vers de M. de Voltaire ?

Et vous de Borgia déteftables maximes ,   Ibidem.
Science d'être injufte à la faveur des Loix,
Art d'opprimer la terre , Art malheureux des
   crimes ,
Qu'on nomme l'Art des Rois.

4o. Vous connoiffez , fans doute , ce que M. de Voltaire dit dans fon Ouvrage intitulé , *de la moderation en tout ,* & dans fon *Ode fur la paix.* Vous vous

L

reſſouvenez que, dans la première Piéce, il ne conſeille pas aux hommes célèbres par leur génie, & qui veulent s'occuper à l'étude, de choiſir la Cour pour leur demeure, de ne pas s'attendre à converſer familièrement avec les Souverains. Dans l'*Ode ſur la paix*, il s'éléve contre la fureur des combats, & veut exhorter les hommes à la concorde, à l'amour fraternel.

> Mortels, vous êtes freres,
> Jettez ces armes mercénaires :
> Que cherchez-vous dans les combats?
> Quel bien pourſuit votre imprudence?
> En aurez-vous la jouiſſance
> Dans les horreurs du trépas?
>
> . . . .

50. Mais voici le comble de la hardieſſe. M. de Voltaire avait admiré la ſageſſe du Roi de Pruſſe dans la conduite de ſes Etats. Ce Roi change, & M. de Voltaire ſurpris de cette métamorphoſe, s'écrie :

Vers les champs hyperboréens
J'ai vû des Rois dans la retraite,
Qui fe croyaient des Antonins.
Au premier fon de la trompette ,
Ils ne font plus rien que des Rois.
Ils vont , par de fanglans exploits ,
Prendre ou ravager des Provinces :
L'ambition les a foumis.
Moi , j'y renonce ; adieu les Princes :
Il ne me faut que des amis.

Pag. 250.

Vous ne frémiffez pas , Monfieur ?
Je vois votre erreur. Comme vous avez
vû de femblables traits,& de plus forts encore dans des Auteurs refpectés généra-
lement de tout le monde , vous prenez
tout cela pour des traits de cette fatyre
utile & innocente, qui *va jufque fous le
dais faire palir le vice.* Vous penfez qu'il
eft non – feulement permis , mais très-
louable, de s'élever contre les horribles
principes de Hobbes & de Machiavel
fur l'autorité des Rois , & l'ufage qu'ils
en doivent faire ; *maximes déteftables,*
qui en effet ne font que *l'art d'oppri-*

L ij

mer la terre, & que Machiavel appelle *l'art des Rois*. Vous regardez apparemment M. l'Abbé, comme un de ces fots qui du temps de Louis XIV. traitaient cette manière d'écrire d'*attentat punif-fable*.

Et le Roi que dit-il ? Le Roi fe prit à rire.

J'aurais grande envie d'en rire auffi : mais je n'ai garde, depuis que j'ai vû le *Précis* que M. l'Abbé a fait de la doctrine qu'il trouve renfermée dans ces Pag. 252. paffages. Jugez-en vous-même. » Les » Souverains font incapables de con-» naître le mérite, la vertu, & de les » récompenfer. Leur fcience eft d'être » injufte à la faveur des loix ; leur art » confifte à opprimer la terre. Ce font » des barbares fédentaires, pour lefquels » ceux qui défendent la Patrie, ont la » folie de fe faire égorger : c'eft eux » qu'il faut punir perfonnellement, & » non pas les troupes qui dévaftent les » campagnes. Enfin, tel homme qu'il

» plaira au Peuple de mettre fur le
» Trône , en jouira à plus jufte titre
» que le Souverain légitime qui l'oc-
» cupait par le droit de fa naiffance.

Allez-vous éclater de rire ? Comment !
au contraire , je vous vois prefque en
fureur. Croyez-moi, Monfieur , prenez
le parti que j'ai pris. Plus l'imputation
eft violente & grave , plus la calomnie
eft ridicule & impertinente.

20. Après les dénonciations, voici des
Commentaires * critiques. Je ne les co-
pierai pas. Je ne vous en donnerai que
quelques traits.

1o. M. de Voltaire dans le Difcours
qui fuit fon *Ode fur la mort de la Prin-*

----

* Je dis *des Commentaires* ; car M. l'Abbé
écrit d'abord le portrait en entier. Enfuite il en
répéte chaque phrafe , après laquelle il met une
très-longue réfutation.

ce∬e de Bareith , a tracé le portrait d'un Philoſophe. Ce portrait eſt , ſelon M. l'Abbé, *celui d'un Chrétien convain-cu.* Il nous dit même : » Je me rendrais » coupable de la plus noire injuſtice, ſi » je m'élévais contre des hommes reſ- » ſemblans à ce portrait.

Pag. 364. & premiè-res Et. 41. des Addit.

En le commentant , M. l'Abbé, me direz-vous , veut apparemment rendre juſtice là-deſſus à M. de Voltaire. Non, il entreprend au contraire de le com-battre. Il veut réfuter ce qu'il vient de juger ſi accompli. Mais , ajoûtez-vous, comment le peut-il faire ? Bon ! cela embarraſſerait tout autre : mais notre Au-teur ne connait pour lui rien de diffi-cile. Il a tant de moyens qui ne ſont propres qu'à lui !

2°. Vous ſoûtenez , dit-il à M. de Voltaire , vous ſoûtenez que *le* vrai *Philoſophe eſt attaché à ſa Religion;* & moi je vous dis que *cela eſt faux.*

Je gage, Monfieur, que vous ne dé-
vineriez jamais d'où vient & en quoi
confifte la fauffeté de cette propofition.
M. l'Abbé va vous l'apprendre. » Cela
» eft faux, témoins ces mille familles
» Françaifes qui fe font rétirées à Ge-
» nève... témoins encore les vingt
» mille perfonnes réfugiées dans les
» Provinces de la Maifon de Pruffe.

Pag. 364.
& fuiv.

Vous voyez, Monfieur, qu'il faut
fuppofer deux chofes, que l'Auteur laiffe
à votre pénétration. 1º. Tous ces milliers d'hommes étaient des Philofophes.
2º. C'était pour renoncer à la Religion
dont ils faifaient profeffion, qu'ils ont
abandonné leurs biens & leur fortune,
& qu'ils fe font exilés de leur Patrie.
Vous me direz peut-être, que M. l'Abbé
n'eft pas avare dans les acceptions qu'il
donne au mot *Philofophe*, & qu'il eft
conftant que ces milliers d'hommes n'ont
quitté leur pays que par l'attachement

qu'ils avaient pour la Religion Protes-
tante.

Mais, Monsieur, je ne vous conseille
pas de disputer contre M. l'Abbé. Vous
ne connaissez pas sa logique. Ecoutez
comment on conclut en la suivant. A la
révocation de l'Edit de Nantes, les Protestans de France se réfugièrent dans les
pays où ils avaient la liberté de pro-
fesser leur Religion ; & plutôt que d'y
renoncer, ils abandonnèrent leurs pos-
sessions.

Or, tous ces gens-là étaient Philosophes. Donc le Philosophe n'est pas attaché à sa Religion.

2o. *Un Philosophe fait son premier
devoir d'aimer son Prince & sa Patrie.*
Proposition fausse, CAR *il y a des gens
qui abandonnent leur Patrie, qui tra-
hissent leurs Princes,* &c. &c.

3o. *Le Philosophe paye gaiement les
contributions*

contributions de l'Etat. Cela eſt faux, car j'ai vû des gens qui murmuraient à ce ſujet.

Vous me diſpenſerez, Monſieur, de vous rapporter toutes les *Notes* de ce genre, qui occupent 18 grandes pages dans la première Partie de l'Oracle. Aſſurez-vous qu'elles ont été jettées toutes dans le même moule ; & que c'eſt la même ſotiſe répétée juſqu'à quinze fois. Je ne veux pas néahmoins paſſer ſous ſilence le défi délicat & poli que M. l'Abbé fait à M. de Voltaire, dans le cours de ſes *annotations.* » Je vous proteſte   Pag. 376. » en honneur, dit-il, que je ne redoute, » ni vos mépris, ni vos raiſonnemens, » ni votre perſonne ; (l'Abbé eſt brave) » je ſuis bon pour vous répondre, & le » Public jugera qui de nous deux avan- » cera plus d'abſurdités. « Attendons ſon jugement.

3°. Ce n'eſt pas , ſans doute, aſſez

M

d'efcarmoucher, comme M. l'Abbé vient de le faire ; il va préfentement détruire le Matérialifme de fond en comble. Voici de la Métaphyfique, & de la bonne. Ce font encore des Notes, & 56 pages de Notes.

Depuis p. 175-231.

Oh ! m'allez-vous dire, paffons la Métaphyfique. Je fçais bien que vous ne l'aimez guère ; mais comptez que la Métaphyfique de M. l'Abbé eft toute différente de celle des autres. En deux mots je vais vous en donner l'idée.

Il s'agit d'examiner la queftion propofée par Locke. *Si la penfée ne pourrait pas être une propriété de la matière.* De répondre enfuite à cette objeation du Métaphyficien Anglais. *C'eft borner la toute-puiffance de Dieu, que d'affirmer qu'il ne peut donner à la matiére la propriété de penfer.*

Mais, direz-vous, cette queftion n'a-t-elle pas été affez agitée ? Cela n'y fait rien ; elle a encore *de nouvelles faces à déployer*, & vous fçavez le rare talent que poffède M. l'Abbé, pour *déployer ces faces.*

Il implique contradiction, dit M. l'Abbé, que Dieu donne à la matière une propriété contradictoire à fa nature. Or, la penfée ne pouvant être ni rouge ni verte, &c. &c. &c. eft contradictoire à la nature de la matière ; donc elle ne peut en être une propriété. C'eft là de la Métaphyfique !

M. l'Abbé ignore-t-il que Locke, en doutant fi Dieu ne peut pas donner à la matière la propriété de penfer, ne s'eft jamais mis dans la tête que la penfée fut étendue, colorée, ni compofée de parties folides ? S'il l'avait cru, il n'en ferait pas refté au doute, il aurait décidé bien fermement que la penfée eft matière.

M ij

Il paraît, dans toutes ces *Notes*, que M. l'Abbé croit bonnement que toutes les propriétés essentielles & accidentelles de la matière doivent convenir à chacune de ses modifications. En ce cas, il doit nier que l'attraction & le repos soient des propriétés de la matière.

En effet, peut-on dire de l'attraction & du repos qu'ils sont colorés, figurés, mobiles ? Non, sans doute, pas plus que du désir & du doute. Il doit donc soûtenir que le repos & l'attraction sont des propriétés qui répugnent à la nature de la matière.

Qu'il apprenne l'état de la question, avant que d'entreprendre de la décider. On lui dit : Newton que vous n'avez jamais lu, & que jamais vous n'entendrez, a démontré que parmi les propriétés de la matière, il en est une que l'on appelle *attraction*.

En s'en tenant à l'idée que nous avons de la matière, il nous est impossible d'en déduire cette propriété. L'expérience seule nous fait découvrir que Dieu a donné cette force à la matière, sans que nous sçachions comment.

On demande, si la pensée ne pourrait pas de même (par la toute-puissance de Dieu) être jointe à la matière comme une de ses propriétés, sans que nous sçachions comment ; & quoiqu'en suivant l'idée que nous avons de la matière, nous ne puissions en déduire la pensée.

Pour résoudre cette question, M. l'Abbé répond. *Il est impossible de déduire la pensée de l'idée de la matière, & la pensée ne peut être jaune, ni bleue, ni triangulaire,* toutes choses qu'on ne lui contesta jamais. Qu'il relise ses Cahiers de Philosophie, il y verra le nom de sa bévue.

Ignoratio Elenchi.

4°. Après la Métaphyſique voici de la Geométrie. M. l'Abbé, pour confondre en un mot les *Hobbiſtes*, les preſſe ainſi : » Comment ne pas convenir de cette » VERITÉ ÉVIDENTE, que *deux corps* » *d'inégale grandeur ne ſont pas com-* » *menſurables ?*

On eſt tout étonné de voir donner pour une *vérité évidente*, une abſurdité de cette taille. Entend-t-il le terme de *commenſurable ?* Selon les élémens de la Géométrie de M. l'Abbé, il eſt faux qu'un pié ait douze pouces, qu'une toiſe ait ſix piés, &c. &c. il eſt même impoſ-ſible de ſçavoir combien une toiſe a de piés & de pouces. Enfin, on ne trouvera dans la nature aucune grandeur qui en contienne une autre, un certain nombre de fois préciſément & ſans reſte. N'eſt-il pas auſſi bon Géomètre, qu'il eſt profond Métaphyſicien ?

Voilà, Monſieur, au juſte, puiſque vous

voulez le ſçavoir , ce que c'eſt que l'O-
RACLE *des nouveaux Philoſophes.* Quelques lieux communs de converſation ,
des complimens fades & ridiculement
donnés à l'Auteur par lui-même , des
traits ſatyriques pillés dans celui auquel
il dit des injures , des médiſances & des
calomnies , des portraits de phantaiſie ,
des points d'hiſtoires extraits des Gazettes,
des raiſonnemens ſouvent faux , & toujours ridicules , des galanteries , des obſ-
cènités , des imputations calomnieuſes , le
tout confu ſans ordre , ſans deſſein ,
ſans ſuite ; eſt-ce là ce qu'on appelle
une défenſe de là Religion ? N'en dé-
plaiſe aux Admirateurs de ſemblables
productions , je ſuis bien éloigné d'en
faire l'éloge.

Le zèle de M. l'Abbé pour la Religion eſt aſſurément très-louable : mais
il s'eſt trompé groſſièrement , en croyant
que dans cette cauſe tout homme eſt
bon ſoldat , *Omnis homo miles* ; & que

Pag. 118. l'on peut la défendre par les plus hon-
teux moyens.

Quels reproches n'a-t-il pas à se faire
à lui-même, si son Livre n'est propre
qu'à jetter de nouveaux doutes dans
l'esprit de ceux *vers lesquels ses vuës
étaient principalement tournées ?*

Je ne suivrai pas, à son égard, la
manière dont il traite M. de Voltaire.
Je ne dirai pas que son dessein a été
d'atténuer les preuves des vérités qu'il a
fait semblant de soûtenir. J'aime beaucoup mieux croire qu'il a sincèrement
employé toutes ses forces. Si j'étais son
Supérieur, je me contenterais de lui in-
fliger, pour toute peine, un profond
silence, après néanmoins qu'il aurait
déclaré assez authentiquement que son
Livre n'étant que le fruit informe
d'un zele mal éclairé, on doit le
regarder comme non avenu.

Il faut pourtant, Monsieur, lui rendre
la

la juſtice de convenir qu'il n'eſt pas chiche de papier, puiſqu'il nous donne une Brochure de 888 pages. C'eſt dommage que ce papier ſoit ſi mal employé.

Mais, direz-vous, n'y a-t-il abſolument rien d'utile dans un Volume de cette maſſe? Oui, Monſieur, il y a une recherche très-précieuſe, & je vous la réſervais pour la bonne bouche.

M. l'Abbé a vû au-deſſus de quelques ſtances du *Cantique des Cantiques* de M. de Voltaire, ces mots *le chaton:* il a voulu ſçavoir ſi, *dans la Langue originale, l'épouſe donnait ce nom à ſon époux.* Si dans cette Langue *on diſait, Mon chat, mon petit chat,* comme on dit, par amitié, dans la nôtre, *Mon rat, mon petit rat.*

Pag. 479.

Mais M. l'Abbé ne ſçait pas les Langues orientales. Il a mis tout le Rabbiniſme en l'air, les Docteurs ont cherché,

N

lû, feuilleté. On a eu recours *au Texte*, *aux Hexaples d'Origène*, *aux recher-ches de saint Jerôme*, *au Dictionnaire de Calepin*, *à celui de Dom Calmet*, *au Commentaire de ce dernier*, &. &c. &c. Enfin, Monfieur, il a été prouvé clair comme le jour, que ces *mots Mon cha-ton* ne font pas de la Bible.

Je fuis * * * *

F I N.